BeauDet
2007

Catalogage avant publication de Bibliothèque et Archives Canada

Beaudet, Marc

    Beaudet 2007

    (Collection Essais)

    ISBN 978-2-7640-1280-2

    1. Humour par l'image québécois. 2. Canada – Politique et gouvernement – 2006-   – Caricatures et dessins humoristiques. 3. Québec (Province) – Politique et gouvernement – 2003-   – Caricatures et dessins humoristiques. 4. Politique mondiale – 21e siècle – Caricatures et dessins humoristiques. I. Titre.

NC1449.B337A4 2007   741.5'971   C2007-941640-3

© 2007, Les Éditions Quebecor,
une division du Groupe Librex inc.
7, chemin Bates
Montréal (Québec) Canada
H2V 4V7

Dépôt légal : 2007
Bibliothèque et Archives nationales du Québec

Pour en savoir davantage sur nos publications,
visitez notre site : www.quebecoreditions.com

Éditeur : Jacques Simard
Conception de la couverture : Bernard Langlois
Photo de l'auteur : *Journal de Montréal*
Infographie : Claude Bergeron

Imprimé au Canada

Gouvernement du Québec – Programme de crédit d'impôt pour l'édition
de livres – Gestion SODEC.

L'Éditeur bénéficie du soutien de la Société de développement des
entreprises culturelles du Québec pour son programme d'édition.

Nous reconnaissons l'aide financière du gouvernement du Canada par
l'entremise du Programme d'aide au développement de l'industrie de
l'édition (PADIÉ) pour nos activités d'édition.

DISTRIBUTEUR EXCLUSIF:

MESSAGERIES ADP*
  2315, rue de la Province
  Longueuil, Québec J4G 1G4
  Tél. : (450) 640-1237
  Télécopieur : (450) 674-6237

* une division du Groupe Sogides inc.,
filiale du Groupe Livre Quebecor Média inc.

BeauDet

2007

LES ÉDITIONS
Quebecor
QUEBECOR MEDIA

Je déteste Marc Beaudet

Je l'avoue : je suis jaloux des caricaturistes. Qui ne le serait pas ? Ils passent leur vie à dessiner. Pendant que la plupart des gens travaillent à la sueur de leur front, comme le prescrit la Bible, ils s'assoient devant une feuille blanche et colorient. Vous trouvez ça juste, vous ?

Marc Beaudet est l'un des pires. À 35 ans, il est le plus jeune caricaturiste à avoir remporté le prestigieux prix du Concours canadien de journalisme. Il y a six ans, il était un parfait inconnu, qui vendait des objets promotionnels (des tasses, des stylos, des casquettes – bref, des objets de « nerds ») ; aujourd'hui, il est reconnu comme l'un des plus grands caricaturistes du pays.

Autant de talent lève le cœur. Ça me prend 550 mots pour écrire une chronique. Marc Beaudet, lui, réussit à dire la même chose – et plus – en quelques coups de crayon.

On dit souvent que la politique est le showbiz des gens qui n'ont pas de talent. Eh bien, la chronique est le média des gens qui ne savent pas dessiner.

Les chroniqueurs sont des caricaturistes frustrés. Demandez-leur après cinq bières (et trois scotches), ils vont tous vous l'avouer : s'ils savaient quoi faire avec un coffret Prismacolor, ils jetteraient leur ordinateur aux poubelles.

Si nous écrivons, c'est parce que nous n'avons jamais dépassé le stade du bonhomme allumette.

Il m'arrive, parfois, d'être fier d'une de mes chroniques. Je sors alors sur mon balcon et la lis à voix haute aux passants, les larmes aux yeux devant tant de beauté. Mais ma joie est de courte durée.

En effet, 90 % du temps, lorsque j'ouvre le Journal le lendemain, je vois que Marc a traité du même sujet. En mieux.

Et le pire, c'est qu'il réussit en plus à nous faire rire, le salaud.

J'ai « fait » le Salon du livre de Montréal trois fois. Les rares fois où un quidam s'est aventuré à ma table, c'est pour me demander où était le kiosque de Marie Laberge.

Marc Beaudet, lui, n'a pas ce problème. Ses livres se vendent comme des p'tits punchos. Les gens s'agglutinent autour de sa table comme la misère sur le dos de Jean Charest et de Stéphane Dion.

Comme si ce n'était pas suffisant, Marc m'a demandé de signer la préface de son nouveau recueil. Au début, je croyais que c'était une mauvaise blague – vous savez, « ajouter l'insulte à l'injure », rouler des mécaniques pendant que je pioche péniblement sur mon clavier.

Même pas. Le gars est aussi gentil qu'il est talentueux. Je ne peux même pas me plaindre…

Vous tenez entre les mains la meilleure « revue de l'année » de l'année. Près de deux cents dessins drôles, caustiques et brillants qui, si le proverbe dit vrai (dans le cas de Marc, je n'ai aucune raison d'en douter), valent deux cent mille mots.

Non seulement ces caricatures vont-elles vous faire passer un excellent moment (allez-y mollo sur la photo-copie, s'il vous plaît, l'homme a une famille à faire vivre), mais elles vont aussi vous faire réfléchir sur la société québécoise.

Car c'est le propre des grands caricaturistes de véhiculer le maximum d'idées en un minimum de traits.

Si, un jour, je commets un autre livre, j'espère sincèrement que Marc acceptera d'en dessiner la préface.

Comme ça, je pourrai moi aussi autographier des bouquins au lieu de passer ma journée à indiquer où se trouve la table du meilleur caricaturiste canadien de l'année 2006.

Richard Martineau

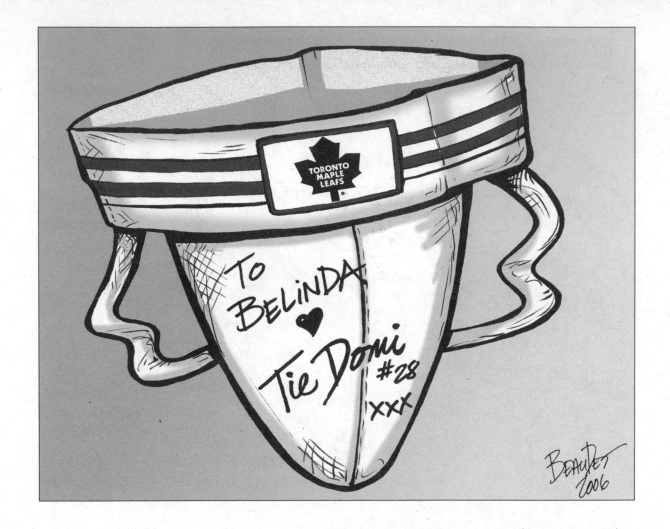

RENTRÉE PARLEMENTAIRE SOUS LE THÈME DE LA CRISE FORESTIÈRE

Robert Bourassa

BEAUDET
2006

24

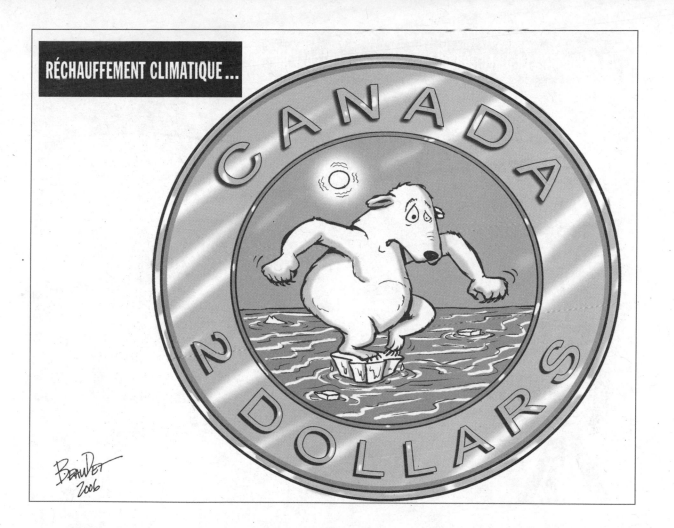

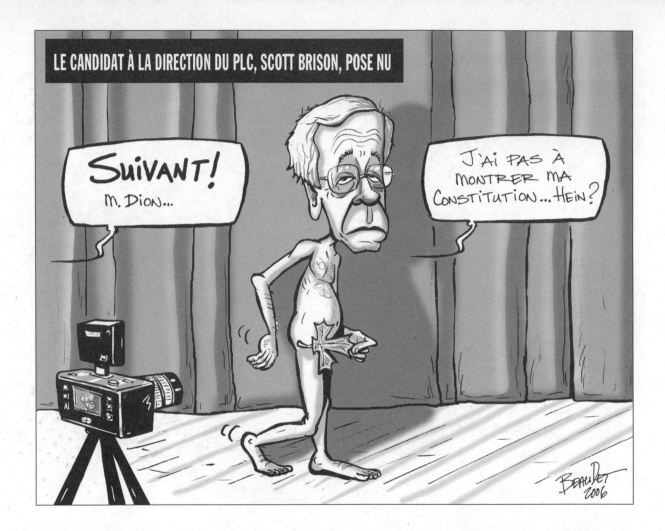

28

29

ALTERNATIVE AUX FENÊTRES OPAQUES

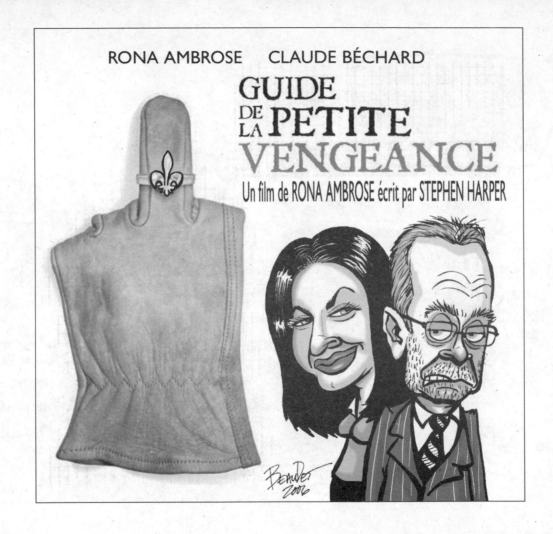

SOMMET DE L'APEC À HANOÏ

43

CADEAU DE DÉPART DU COMMISSAIRE DE LA GRC ZACCARDELLI

44

GESTION DOUTEUSE CHEZ LES GENS DE CHEVAUX...

PROCHAIN ACCOMMODEMENT RAISONNABLE AU QUÉBEC ?

PARTY-PYJAMA À L'HÔTEL DE VILLE DE MONTRÉAL
L'EFFET MAIRESSE BOUCHER...
BEAUDET 2006

54

59

65

CHAMPIONNAT DU MONDE DE HOCKEY 2008 À QUÉBEC EN PROLONGATION

APRÈS LE NOUVEL UNIFORME DE HOCKEY, VOICI LE NOUVEAU COMPLET POUR POLITICIENS

Plus confortable

Le col de la chemise est en lycratalic pour plus de confort quand la tête a tendance à enfler. Un système de gestion d'humidité empêche la sueur de paraître lors de questions embarrassantes de journalistes.

Plus polyvalent

Veston réversible qui permet de changer d'idée lors de décisions douteuses ou lors de l'attribution de subventions discutables.

Moins perméable

Tissu qui permet d'absorber moins d'humidité de l'air pollué ou lors d'un entartage.

Plus flexible

Veston au tissu extensible au niveau de l'abdomen, ce qui permet une plus grande amplitude de mouvement lorsque le pouvoir ajoute des kilos. Les poches deviennent aussi extensibles à l'approche des élections.

Beaulet
2007

74

JUSTIN TRUDEAU SUR LES TRACES DE SON PÈRE

BOISCLAIR PREND POSITION SUR LE HIJAB AU SOCCER ET LE KIRPAN...

93

CANDIDATE DE L'ADQ EN VACANCES EN FLORIDE

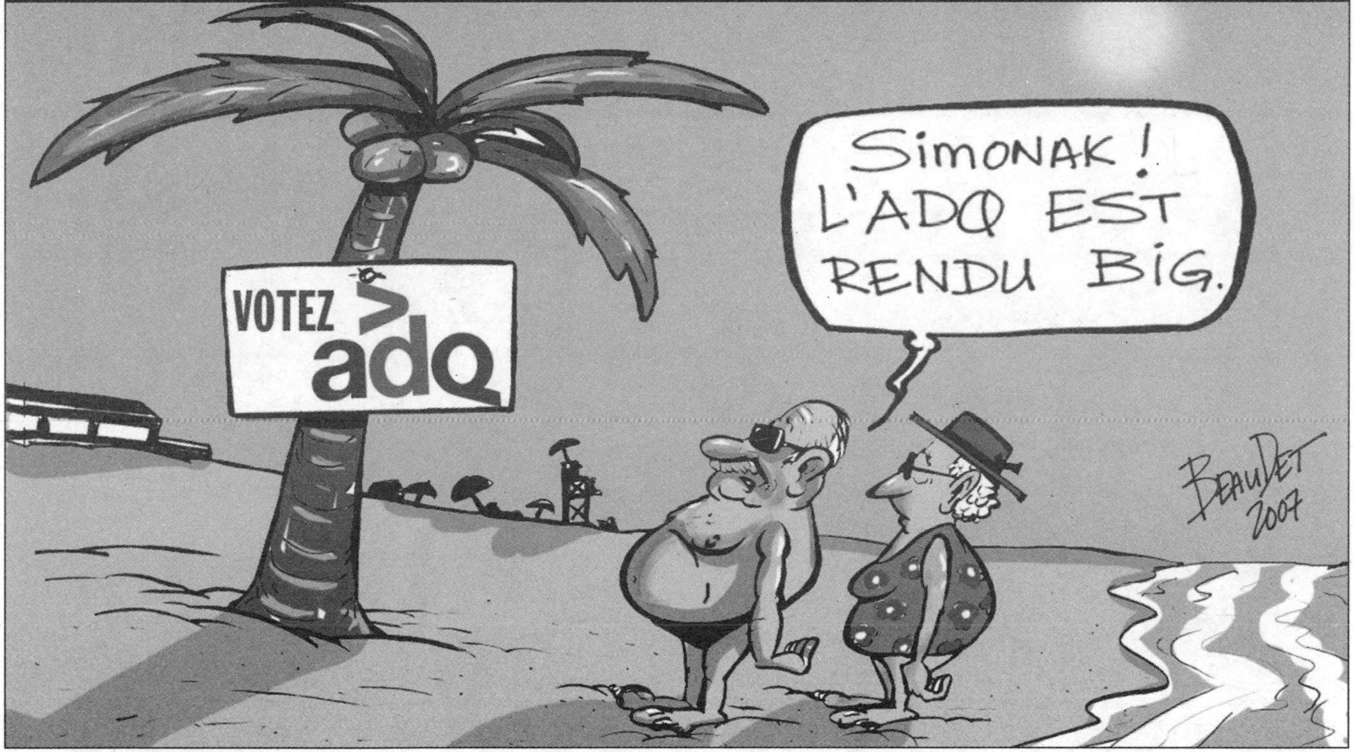

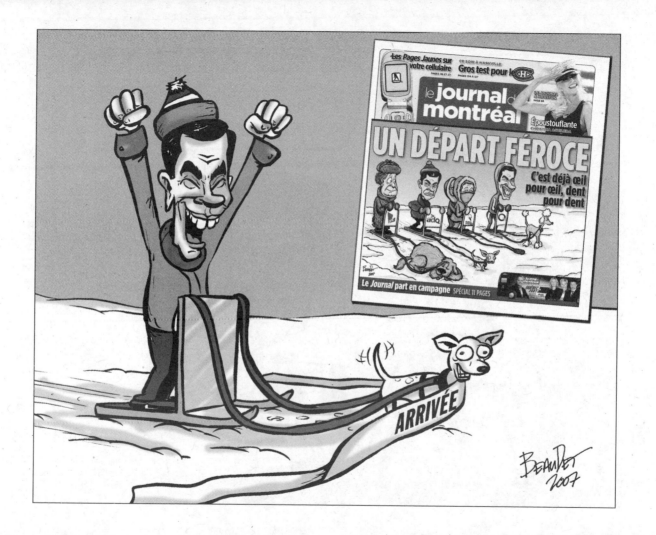

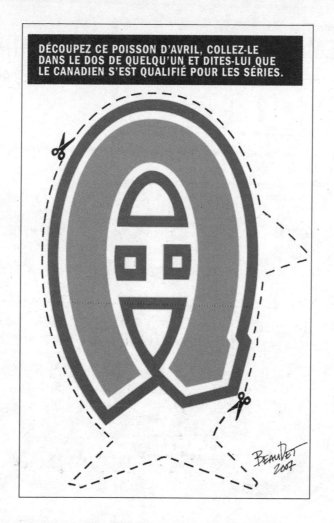

DÉCOUPEZ CE POISSON D'AVRIL, COLLEZ-LE DANS LE DOS DE QUELQU'UN ET DITES-LUI QUE LE CANADIEN S'EST QUALIFIÉ POUR LES SÉRIES.

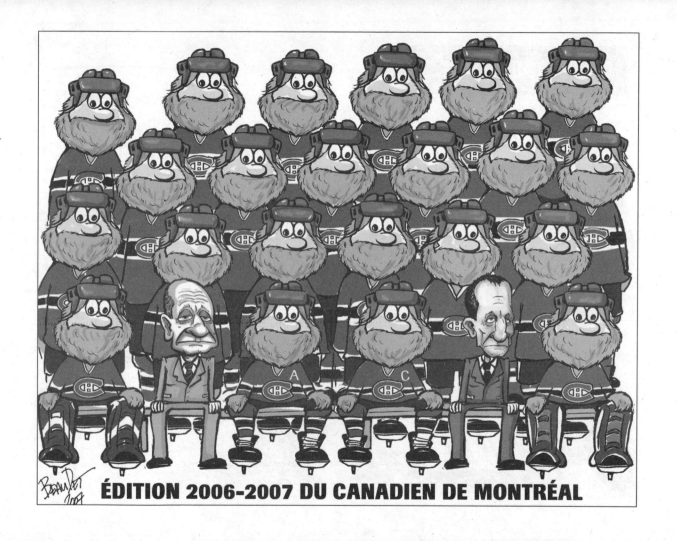

ÉDITION 2006-2007 DU CANADIEN DE MONTRÉAL

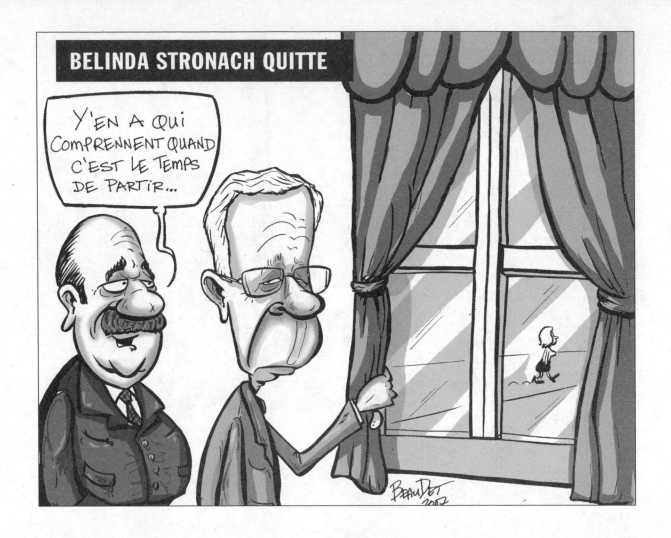

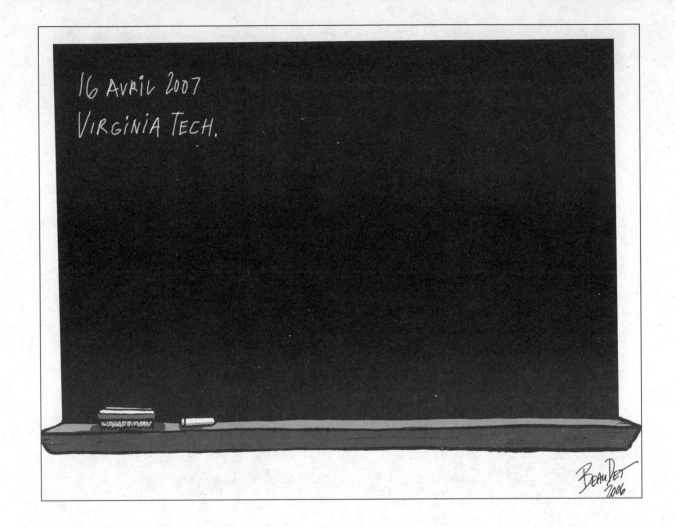

OPTION CANADA: 539 000 $ DE DÉPENSES ILLÉGALES

Avant le rapport Grenier

Après le rapport Grenier

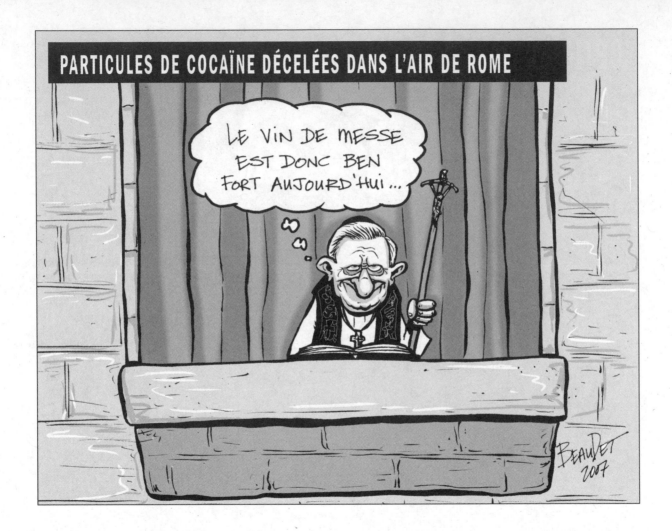

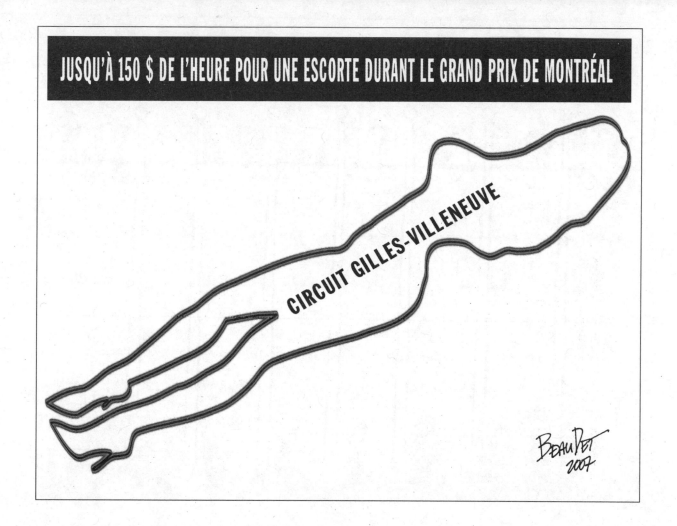

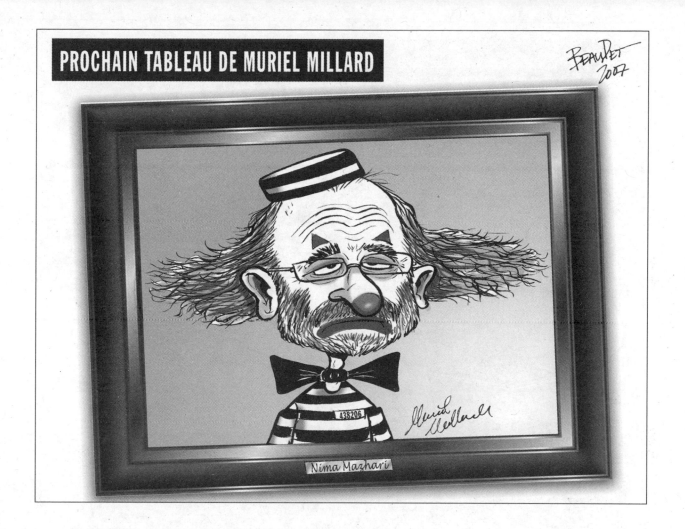

PROCHAIN TABLEAU DE MURIEL MILLARD

Nima Mazhari

155

BUSH RENCONTRE LE PAPE BENOÎT XVI AU VATICAN

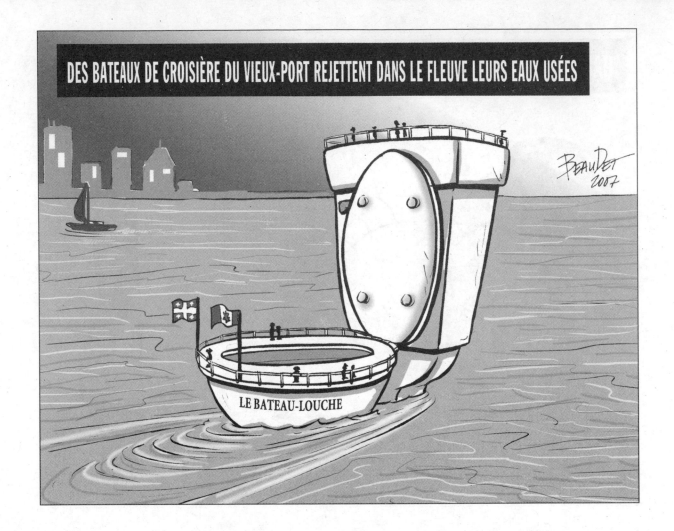

LA COUPE STANLEY EN VISITE AU QUÉBEC

Photo avec
la coupe Stanley

LATENDRESSE
84   84

KOIVU
11   11

KOVALEV
27   27

BEAUDET
2007

ANDRÉE P. BOUCHER, 1937- 2007

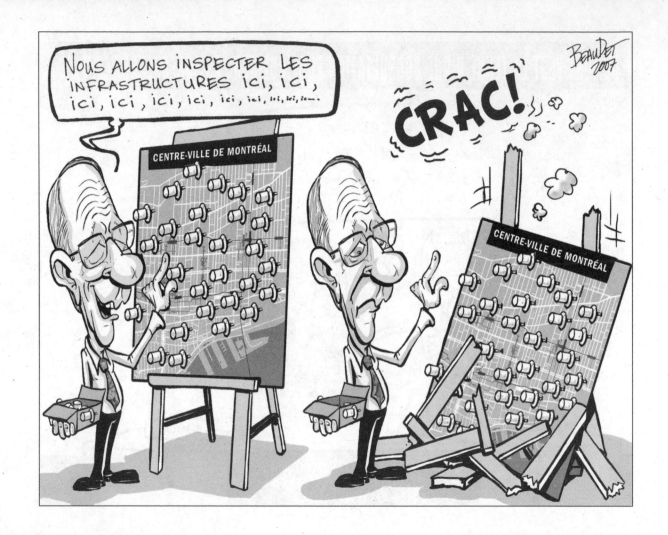

INTERDICTION DE LA MALBOUFFE DANS LES ÉCOLES POUR CONTRER L'OBÉSITÉ CHEZ LES JEUNES
ON FAIT LA MÊME CHOSE À L'ASSEMBLÉE NATIONALE?
BEAUDET 2007